AF295489

Paula Marabot

La noche de tus caricias

*Dedicado a todas aquellas personas
enamoradas del amor.*

AGUA

Agua fresca

corre por mis venas.

El sol de tus ojos

es mi única luz

y tu voz,

mi vida.

Oigo el canto alegre

de los pájaros de mis sueños;

siento que vivo

porque respiro tu aliento.

Agua clara

riega las infinitas galerías

de mi alma.

Tú, tras cada puerta,

recoges la tierna cosecha,

aún mojada

y piensas que es muy poco...

o tal vez,

que no es nada.

No te das cuenta

de que mi espacio es

tu alma,

que tu tiempo es

mi voz,

mi dimensión,

tu mirada.

No soy más

que la luz coloreada

de tu mente

y de tu corazón.

Ya verás

algún día.

Mi paciencia no se acaba

porque la cosecha

aún mojada

no te valga como prueba.

Ya llegará,

con el tiempo,

la verdadera cosecha:

el amor hecho color,

sangre, sabor...

-creadores tú y yo-

y agua.

ANSIEDAD

Bajo el sol de tu mirada

coloreo mis deseos.

Siento crecer el frío

en cada poro de mi cuerpo.

Mis pies se quedan helados

ante tu sola presencia.

Me abruma esa sonrisa

de perturbada inocencia.

Te busco en cada rincón

de mis sábanas de seda

en esta noche eterna de tormenta,

pero tu imagen se evapora

entre mis frágiles dedos,

luchando contra el aire

que, sin quererlo, me quema.

El perfume de tu voz

me envuelve en una sonrisa

mientras me ofrece un rubor

que da sentido a mi vida.

El mundo se para en tus ojos

cuando me miras con ansia,

cuando traspasas mi alma

con la luz de tu mirada.

AQUELLA TARDE DE OTOÑO

12

Tan sólo una frase tuya

y pude llegar al cielo;

tan sólo un trozo de tu piel

y sentí el tacto de las nubes...

Y así,

rozando tu espalda con mis alas,

supe que jamás la lluvia

podría acabar con la luz

del sol.

Recuerdo tu olor y

te veo.

Siento tu sonrisa sobre mis ojos

que se cierran...

asintiendo a la eterna afirmación

de que

te quiero;

que es tu pelo

el que me hace sentir

el amor entre mis dedos;

que son tus ojos

los que me hacen temblar

sobre el suelo;

que es tu voz

la que me ha traído a este mundo

en el que nada tiene sentido

sin el calor de tus palabras.

Y pienso que seguiré aquí

por mucho tiempo,

hasta que te des cuenta de que,

aquella noche de otoño,

escribí mi amor en tu cuerpo.

ARENA

14

Oigo tu música celestial

y te veo

sobre mis ojos,

de los que escapa una lluvia fina

que resbala por mi piel.

Escondido tras mi frente,

reflejado en el claro cristal de mi alma,

sonriendo, como siempre.

Tu mirada

perdida en mis pupilas

me hace recordar el amanecer,

las gaviotas,

el amor al ritmo de las olas.

Siento la espuma blanca

sobre mi pecho,

cálida y oportuna;

el dulce roce de tu pelo

entre mis dedos;

el sabor de tus tiernos labios...

pura ambrosía.

Y sueño, qué no daría

por estar ahora a tu lado!

AYER ROBÉ TU OLOR

Ayer robé tu olor

y aún puedo saborearte,

degustar tu piel de niño,

bañar mis manos en tu luz,

tocarte.

Ayer robé tu olor

a primavera temprana;

tu aroma a flor que despierta

me devolvió tu mirada.

Ayer robé tu olor,

ese frescor de mañana;

aire que brota despacio

dando vida a la esperanza.

Ayer robé tu olor

y no me siento culpable;

tú robaste con tus ojos

el perfume de mi carne.

Desde que robé tu olor

camino sin regreso,

avanzo, y al fin me pierdo,

en la calle de tus besos.

BÚSCAME

Búscame en tus bolsillos,

en el agua que bebes,

al mirarte al espejo,

porque allí estaré.

Me colaré entre tus dientes,

entre tu pelo rizado,

en tu sonrisa de niño,

en tus ojos, en tus manos.

Me esconderé detrás de tu frente

para saber lo que piensas

y debajo de tu almohada

te cantaré cuando duermas.

Te seguiré a todas partes

y cuando te tenga cerca

me enroscaré a tu cuerpo

como los tallos de hiedra.

Te atraparé entre mis ramas

me fundiré con tu piel,

te colmaré con mis besos

de leche, manzana y miel.

Búscame y no te arrepientas,

pues seremos uno sólo,

con la ayuda del destino,

en lugar de almas gemelas.

CUANDO ME BESAS

20

Cientos de mariposas acarician

mis mejillas

cuando me besas.

Pequeñas serpientes resbalan

por mi cuello

y miles de hormigas bailan en mis entrañas.

Cierro mis ojos y vuelo dichosa.

Siento que el tiempo se para en mis manos.

Camino sobre las aguas

del mar de tu sonrisa

y me pierdo en la ternura

de tus labios de miel.

El mundo gira al revés

cuando me besas;

se mueve despacio

al ritmo de tus caricias.

Se abre la tierra a mis pies

y caigo lentamente

al precipicio de la locura,

que me devuelve la vida

al caer entre tus brazos.

Un ejército de duendes

saquean las galerías de mi corazón

cuando me besas,

llevándose mis dudas y mis temores.

Y un hada diminuta

me susurra al oído lánguidas palabras

que me hacen entender tus besos.

Quédate así; no te muevas.

Que me llegue la muerte si quiere:

después de besarte..

nada por hacer me queda.

DARÍA

Daría la vida

por tener tu risa,

por ser tu aliento templado

y escapar de tu boca

en un suspiro.

Daría mi alma

por tener tus ojos,

por contemplar la luna

a través del filtro azul

de tu mirada.

Daría mi cuerpo

por tener el tuyo,

por ser un poro enamorado

de tu piel de porcelana.

Daría mi corazón

por estar siempre en el tuyo,

por calmar con mi calor

tus ansias de ser amado,

tus ansias de dar amor.

Daría mis manos

por tener tu vientre,

por sentirlo cada noche

y acariciarlo en mi lecho,

eternamente.

Daría mis ojos

por besar tu boca,

por rozar tu pecho,

por tenerte entero

tan sólo un instante.

Daría todo,

todo te lo daría

por ser tú por una noche,

por tener tu vida

y unirla a la mía.

DESPERTAR

Abrir los ojos,

sentir tu piel,

robar tu calor...

despertar.

Cientos de ángeles

baten sus alas

junto a mi cama

para despertarme con su brisa.

Miles de luciérnagas

iluminan mi despertar

con la luz de tu mirada

y millones de hormigas

recorren mi cuerpo,

nerviosas,

buscando una salida.

Despertar

a tu lado

es comerse el cielo

en un suspiro,

agarrar la inmensidad

con mis manos,

atrapar en mi puño

el misterio de la vida.

Despertar

contigo

es vivir

y saber

que el sol

no se esconderá

jamás.

DILE

Dile que te cuide

a la que va a ser tu esposa.

Dile que bese esos labios

que tanto amor han dejado

en el fondo de mi corazón.

Dile que calme tus ansias de morderme

con su cuello;

que acaricie con sus manos

el dulce terciopelo de esa piel

que un día fue mía.

Dile que te quiera,

que atraviese con su amor

tu pecho desnudo de recuerdos;

que adorne con sus "te quieros"

tus pensamientos ausentes.

Que nunca abandone

el tesoro que yo perdí;

que te devuelva tu olor,

aquel que un día te robé,

y que nazca cada mañana

al despertar a tu lado.

Dile que tiene suerte

de tenerte entre sus brazos,

de guardarte para siempre

escondido en su regazo;

de compartir contigo

ese trocito de vida

que llora al son de los ángeles.

Dile que sea feliz

al pensar lo que se lleva.

Yo lo soy, tan sólo,

por el amor que me queda.

Porque siempre entre mis ramas

tendrás tu hogar...

tendré tu huella.

DULZURA

Nace el sol en mis ojos

cuando los tuyos me arrullan.

El manto de tu mirada

cubre mis ansias de amarte

y mis caricias desnudas

se bañan en tu ternura.

Sueño con bosques perdidos

al perderme entre tus brazos.

Vuelo con alas prestadas

hasta tus labios de miel.

El perfume de tu piel

me llena de corazones

que laten todos unidos

al compás de tu candor.

Tus ojos pintan de azul

las paredes de mi mente

y mi vientre habla un idioma

que sólo lo entiendes tú.

Bésame con tus pupilas,

deja marcado mi cuello,

hunde tu pecho en mi espalda,

arañando mis adentros.

Si me miras con dulzura

me perderé en tus encantos;

daré mi ser y mi vida

por ser tu esclava, tu piel,

tu eterna bella dormida.

ERES TÚ

Eres tú

quien llena mi mundo roto,

quien vive en mis ojos,

quien habla mi idioma interior

buscando mi alma sin quererlo yo,

bebiéndote mi vida

sorbo a sorbo.

Quieres tener mis adentros

bajo tu vientre desnudo,

viajar sin retorno a mi piel

que cae ante tu presencia.

Dame tu aura dorada

y el azul de tu mirada

para tejer mi destino.

Báñame con tu sudor,

hiélame con tu candor

y quédate en mi cuerpo

para siempre dormido.

LA LUZ DE TU MIRADA

Bajo el sol de tu mirada

coloreo mis deseos.

Siento crecer el frío

en cada poro de mi cuerpo.

Mis pies se quedan helados

ante tu sola presencia.

Me abruma esa sonrisa

de perturbada inocencia.

Te busco en cada rincón

de mis sábanas de seda

en esta noche eterna de tormenta,

pero tu imagen se evapora

entre mis frágiles dedos,

luchando contra el aire

que, sin quererlo, me quema.

El perfume de tu voz

me envuelve en una sonrisa

mientras me ofrece un rubor

que da sentido a mi vida.

El mundo se para en tus ojos

cuando me miras con ansia,

cuando traspasas mi alma

con la luz de tu mirada.

LLUEVE

Llueve en la calle

mientras mis ojos se aferran a tu recuerdo

detrás de la ventana.

Llora el cielo

y el sonido de sus lágrimas

me transporta al palpitar de tus besos.

Vuela mi sonrisa hasta tu boca

que ha vuelto a perderse en mi cuello

al compás de mis deseos.

Llueve en mi cuerpo,

llueve despacio.

Caen desde el cielo

las ansias de robarte los labios,

de morderte las ilusiones,

de abrazarme a tu mirada.

Llueve en mis venas

y un suave tintineo

recorre todo mi cuerpo

insistiendo en el aroma de tus caricias.

Llueve en la calle

y la gente nos mira.

Gira el mundo veloz

alrededor de un abrazo

que contiene mil canciones

enmudecidas por la luz del día.

Llueve en tus ojos

iluminados por el deseo

de esconderme entre tus brazos,

de acabar con mi vida

devorando cada poro de mi piel.

Llueve entre tus manos,

presas de un temblor irresistible

que nace en cada palabra.

Llueve y seguirá lloviendo

mientras el corazón obedezca

las órdenes de nuestros cuerpos.

NO MÁS LÁGRIMAS

40

Dame la espalda

como lo hace el mundo.

Mírame con desprecio

como lo hacen los demás.

Soy del todo culpable

si mis caricias y mis besos

son causa de tu dolor.

Ya no te volveré a cantar,

ya no te escribiré más versos,

evitaré tus ojos profundos,

tu olor, tu risa, tu voz;

te devolveré, con mi huida,

la paz.

No sangrará mi cuerpo

si me traspasas con tu afilado mirar.

Ni llorará mi alma

si no me vuelves a hablar,

si no te veo,

si te vas,

moriré por dentro, simplemente,

pero lágrimas,

ni una más.

PAZ

Aire. Suave brisa,

cálido olor a vida.

Paz.

Agua. Piel mojada

por la dulce saliva de los poros,

por la savia de tu cuerpo.

Voz. Tenues suspiros.

Metamorfosis; fusión.

Sol. Calma.

Paz.

Silencio.

Miradas perdidas.

Reencuentro de almas.

Sal.

La noche de tus caricias...

Paz.

PERSONAJES DE CUENTO

Vivo con tu recuerdo

y eso me hace no estar sola

en mi soledad.

Despierto con tus besos,

saboreo tu risa frágil

-cada mañana-

y aún no sé si es sueño

o realidad.

La tarde de tus besos

viaja en mis pensamientos;

equipajes de alegría

cargan los vagones de mi esperanza.

Vivo por rozar tu espalda

con mis labios temblorosos.

Lanzo suspiros al aire que queda

entre estas cuatro paredes,

testigos de la pasión desgarrada

que nos convirtió al instante

en eternos personajes de cuento.

RASGADOS

Cuando tus ojos rasgados se pierden

en los míos,

cada célula de mi cuerpo grita tu nombre.

Si me miras con ternura,

doblándome el alma,

siento que el frío vence y se instala

en mi piel.

Creo que es un ángel quien me observa,

estudiando cada poro, cada vena,

cada pigmento.

Pues tal es la dulzura,

tan profundo es tu mar,

que en ahogarme y naufragar

es en lo único que pienso.

Deja que me duerma en tus ojos rasgados,

arrópame con sus cortinas,

pues sólo rozarte me enfría.

Me das frío y, a la vez,

caldeas mi corazón con los rayos

que desprenden

tus ojos rasgados,

mi fuente de energía inagotable,

la luz que ordena a mi cuerpo

que esté del tuyo enamorado.

SI QUISIERAS

48

Podría amarte

si quisieras.

Podría besarte hasta la saciedad,

Hacerte perder la consciencia

refugiado en mi cuerpo,

contagiándote mi libertad.

Podría ser tuya

si quisieras;

dejarme llevar por tu voz

hasta donde tus palabras me dicten

y, esclava de tu mirada,

hundirme en el pozo

de tus deseos reprimidos.

Podría hacerte enloquecer

si quisieras;

vestir tus brazos con mi piel,

abrazarme a tu pelo

sin pensar en el mañana,

olvidando los lazos

que nos unen

a otra realidad.

Podría velar tus sueños

si quisieras;

observar tus párpados cerrados,

tus pupilas inquietas

luchando por encontrar

una salida.

Podría escribirte mil versos

si quisieras;

convertirte en la esencia

de mi pluma herida,

dibujar tu vida

con mis palabras.

Podría perderme en tu boca

si quisieras;

morder tu piel con mi mirada.

Podría desnudar tu alma,

morir en tus brazos

cada mañana,

ser tu musa, tu sol, el aire

que baña tu cuerpo de nácar.

Podría darte mi vida

pero sólo

si quisieras.

SUBES

Subes y bajas como la espuma

que busca al mar

en sus caricias de terciopelo.

Llevas mi llanto calmado

al calor de tu infierno

y enfrías mis lágrimas

con tus ardientes deseos.

Hundes tus manos

en mi soledad

que te ha buscado hasta encontrarte

en el pozo de la locura.

Bebes de mi impaciencia,

de mis ansias de besarte

esos pétalos de rosa pálida

que en la distancia me queman.

Subes y bajas despacio

de mi estómago a mi pecho,

caminando por mis entrañas,

viajando cual peregrino

hacia el templo de mis sueños.

TUS OJOS

Tus ojos son la calma,

son la fuerza

en el hastío;

bañan mis ilusiones

en lagos de ternura.

Tus ojos

son dos gatitos

que beben del manantial

de mi amor eterno.

Juegan con mi sonrisa,

despiertan con mis besos,

maúllan con mis caricias.

Tus ojos son la locura.

Tus ojos

son el deseo.

Tus ojos

son las antorchas

del ángel que me guía,

del diablo que me tienta.

Deja que me pierda

en la profundidad de tus ojos,

que averigüe su misterio,

que me digan el secreto

por el cual,

al mirarlos,

vuelvo a nacer

y muero.

VUELVES

Vuelves a mí como las olas,

acariciándome con tu espuma,

devolviéndome la vida

con tu sonrisa de nácar.

Vuela tu calor a mi corazón desnudo,

a mis ansias de olvidarte,

de apartarte de mi ser,

de borrarte de mi alma.

Y me empujas,

como el viento,

a caminar hacia un sendero

al que no quiero volver.

Persigues mis sentimientos,

intercambias mis palabras,

y en vez de decir "no quiero"

me sorprendo con un "ven".

Y así me vas enterrando

en un abismo de arena,

sin nadie que pueda verme,

nadie que pueda ayudarme

a escapar ya de tu amor,

de ese amor que es mi condena.

Notas sobre la autora

Bajo el pseudónimo de Paula Marabot encontramos a Soledad María Benítez Leonisio.

Nacida en Cádiz (Andalucía-España) en 1972, la autora tiene clara su vocación literaria desde su más tierna infancia, época durante la cual escribe numerosos cuentos.

Estudia Periodismo en Sevilla, alternando la carrera con trabajos relacionados con su otra faceta artística, como cantante y actriz. En 1996, al acabar los estudios, se marcha a Madrid y allí trabaja en el mundo del espectáculo a la vez que escribe dos libros temáticos para un centro de Medicina Sofrológica.

En febrero de 2003, su trabajo *3 historias de mujer* resulta premiado con un accésit en el II Certamen de Poesía y relato Corto de la Fundación Municipal de la Mujer de Cádiz. Como consecuencia, su texto *El hijo de las olas* es incluido en la recopilación de relatos con fines solidarios *Cuentos sin papeles*.

Por razones personales tuvo que paralizar su actividad literaria, retomándola durante el periodo de confinamiento provocado por el Estado de Alarma (abril de 2020). Hasta la fecha, ha escrito numerosos relatos cortos y publicado las novelas *Soy Grande* y *Sonrisas invisibles*.